PARAN AK PWOFESÈ,

Konpliman dèske nou ankouraje pitit nou ak elèv nou pou yo vin bileng epitou pou yo konn pale plizyè lang !

Se yon desizyon ki pral peye dividann pou timoun ou elèv ou pou anpil lane ! Rechèch montre ke li pi fasil pou timoun aprann yon lang anvan laj 6 zan, e pou li gen aksan natif natal. Rechèch montre tou ke timoun bileng gen plis kapasite mantal.

Objektif nou nan konpani Young and Bilingual ™, se pou nou akonpaye ou ak pitit ou yo oswa elèv ou yo, pou yo tounnen konplètman bileng nan yon jèn laj. Ilistrasyon yo nan chak liv yo bèl, epitou yo gen anpil koulè. Chak liv gen mo vokabilè ladan yo, lis mo outi ki itilize nan liv la, ak explikasyon pou pwononsyasyon plizyè son ki nan liv la.

Nou defini kat diferan nivo pou liv nou yo :

❶ Preskolè- jadendanfan

Lekti entèaktif, ideyal pou timoun piti ki ap dekouvri lemond

❷ Lekòl matènèl – premye lan fondamantal

Fraz ki senp, ki fèt pou timoun ki pa ko konn li ou ki ap aprann li (mwens pase 150 mo)

❸ Jadendanfan rive nan premye lane fondamantal

Istwa ki fèt pou timoun ki fenk aprann li pou kont yo (mwens pase 300 mo)

❹ Jadendanfan rive dezièm lane fondamantal

Listwa ki kout e ki prezante leson lavi ak dekouvèt kiltirèl (mwens pase 600 mo)

Young and Bilingual ™ ofri materyèl bileng GRATIS sou sit entènèt li a www.lapetitepetra.com pou ede ou ak pitit ou yo ak elèv ou yo vin bileng. Nou akeyi fidbak ou pou nou kontinye amelyore liv ak pwogram nou yo. Rete an kontak avèk nou, epi nou swete tout timoun yo bon chans !

CHERS PARENTS ET ENSEIGNANTS,

Nous vous félicitons d'encourager vos enfants et élèves à devenir bilingues et à apprendre à lire en plusieurs langues ! C'est une décision qui portera ses fruits pendant de nombreuses années ! Les recherches ont montré qu'il est plus facile pour un enfant d'apprendre une nouvelle langue et adopter un accent natif avant l'âge de 6 ans. Les recherches montrent également que les enfants bilingues ont de meilleures capacités cognitives.

L'objectif de Young and Bilingual™ est de vous accompagner ainsi que vos enfants ou élèves dans leur apprentissage des langues en étant petit. Les illustrations de chaque livre sont attrayantes et ont couleurs vives. Chaque livre comprend des mots de vocabulaire bilingues, une liste de mots de l'histoire que les enfants doivent connaître, et le classement phonétique de quelques mots de l'histoire.

Nous avons défini quatre niveaux de développement dans nos livres :

🌼 préscolaire -maternelle
Lecture interactive, idéale pour les tout-petits qui découvrent le monde

🌼 de la maternelle au CP
Phrases simples, ouvrage idéal pour les pré-lecteurs qui commencent tout juste à apprendre à lire (moins de 125 mots)

🌼 de la maternelle au CP
Histoire courte, idéale pour les lecteurs autonomes débutants (moins de 250 mots)

🌼 de la maternelle au CE1
Petite histoire, qui comprend des leçons de vie et des découvertes culturelles (moins de 500 mots)

Young and Bilingual™ offre des ressources bilingues GRATUITES sur son site web www.lapetitepetra.com pour aider vos enfants et élèves à devenir bilingues. Faites-nous part de vos commentaires afin de nous permettre de continuer à améliorer nos ressources. N'hésitez pas à nous contacter, et surtout, bon apprentissage !

DEDIKAS

Liv sa a dedy a tout timoun ki soti toupatou. N espere yo jwenn plis opòtinite akoz yo pale plizyè lang.

REMÈSIMAN ESPESYAL

A timoun mwen e fanmi mwen pou tout sipò yo ban mwen pou pwojè sa a. A ekip mwen e tout zanj ki te ede m yo. Mèsi anpil pou kontribisyon nou.
A Dr Marie Guerda Nicola pou sipo li ke mwen te apresye anpil.
A Oksana Vynokurova, yon moun espesyal : nou ka wè bote fanm sa a nan bèl ilistrasyon li fè pou kolèksyon liv nou yo.

DÉDICACE

Ce livre est dédicacé aux enfants à travers le monde, afin que leurs compétences bilingues leur ouvrent de nombreuses portes.

REMERCIEMENT SPÉCIAL

À mes enfants et à ma famille, pour leur soutien dans tous les aspects de ce projet. À mon équipe et tous les anges qui m'ont été envoyés : je suis vraiment reconnaissante pour vos contributions.
A Dr. Marie Guerda Nicolas pour son support tant apprécié.
À Oksana Vynokurova, une belle âme, dont la beauté et le cœur sont exprimés à travers ses illustrations qui font toute la différence dans nos livres.

978-1-949368-55-0

Premye Piblikasyon: Janvie 2021
XPONENTIAL LEARNING INC
Copyright © 2020 Krystel Armand Kanzki

Tout dwa rezève. Okenn pati nan piblikasyon sa a pa dwe repwodwi, distribiye, oswa transmèt nan okenn fòm oswa pa nenpòt mwayen, sa enkli fotokopi, anrejistreman, oswa lòt metòd elektwonik oswa mekanik, san pèmisyon ekri alavans de Piblikatè a, eksepte nan ka yon sityasyon kout ke nou mete nan revi kritik ak sèten lòt itilizasyon ki pa komèsyal lalwa sou dwa lotè yo pèmèt.

La Petite Pétra™
EMOSYON OU YO
NÒMAL

Tes émotions sont normales

Krystel Armand Kanzki
Ilistrasyon : Oksana Vynokurova

Pou ki sa ou tris, Lili ?

Pourquoi es-tu triste, Lili ?

Pou ki sa ou fache, Dani ?

Pourquoi es-tu en colère, Dani ?

J'ai peur de ne plus jamais revoir grand-mère et grand-père.

Je suis inquiet de ne pas obtenir mon diplôme car j'ai manqué beaucoup de jours d'école.

Je suis triste de n'avoir pas pu fêter mon anniversaire avec mes amis cette année.

Mwen fache paske mwen te wè nan televizyon gen moun ki jwenn tretman diferan senpleman paske koulè po yo diferan. Sa pa jis !

C'est normal que tu te sentes triste. Tu organisais ta fête depuis si longtemps ! Tu as mangé un gâteau avec ta famille qui t'aime cette année, mais nous organiserons certainement une fête avec tes amis l'année prochaine.

Li nòmal pou ou fache Dani, paske nou tout ta dwe jwenn menm tretman baze sou aksyon nou ak karaktè nou. Trete tout moun menm jan kèlkeswa koulè po yo, epi w ap wè w ap fè yon diferans.

Une bonne façon de se sentir mieux lorsque tu as peur, que tu es triste, inquiet ou en colère est de faire une liste de tout ce qui te rend reconnaissant.

Ki sa sa vle di lè w rekonesan ?

Ça veut dire quoi être reconnaissant ?

Sa vle di montre apresyasyon, oswa pou di l yon lòt jan, di mèsi pou tout bagay lavi a ba ou.

Wi, pwofesè mwen te voye yon bon videyo k ap pale sou planèt solè yo !

Oui, mon professeur nous a envoyé une vidéo très sympa sur les planètes solaires !

Bèl bagay ! Ou ka rekonesan pou sa, ou pa dakò ?!

Ouah ! N'est-ce pas quelque chose pour laquelle il faut être reconnaissant ?!

As-tu aimé le gâteau que nous avons préparé pour ton anniversaire ?

Il était délicieux !

Nous devons être reconnaissants pour ça, tu ne penses pas ?

Nou te wè nan televizyon moun toupatou nan lemond k ap mache pou revandike dwa tout moun genyen pou yo trete yo menm jan, kèlkeswa koulè po yo.

Nous avons vu à la télévision des gens du monde entier protester pour s'assurer que tout le monde est traité de manière égale, quelle que soit la couleur de leur peau.

Nou ka rekonesan pou sa.

Il faut également être reconnaissant pour ça.

Lè gen ensètitid ak chanjman, li nòmal pou ou pè, tris, enkyè oswa menm fache. Sepandan, sa ede lè ou pale sou sa.

Quand il y a de l'incertitude et du changement, c'est normal d'avoir peur, d'être triste, inquiet ou même en colère. Cependant, il faut en parler.

Si ou pa vle pale de jan ou santi w, alòs ekri, desinen oswa chante.

Si tu ne veux pas parler de ce que tu ressens, écris, dessine ou chante ce que tu ressens.

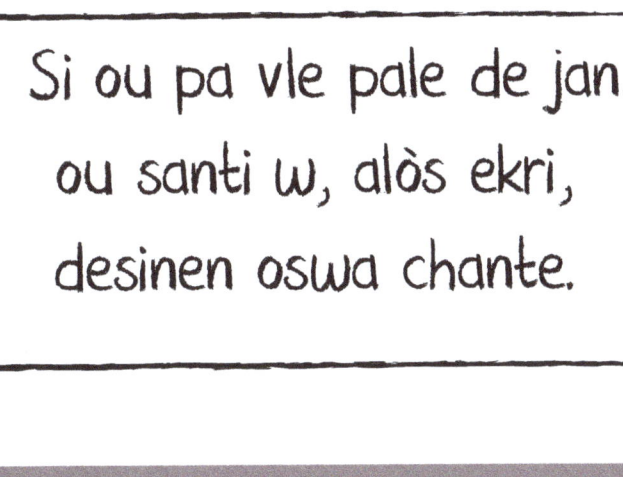

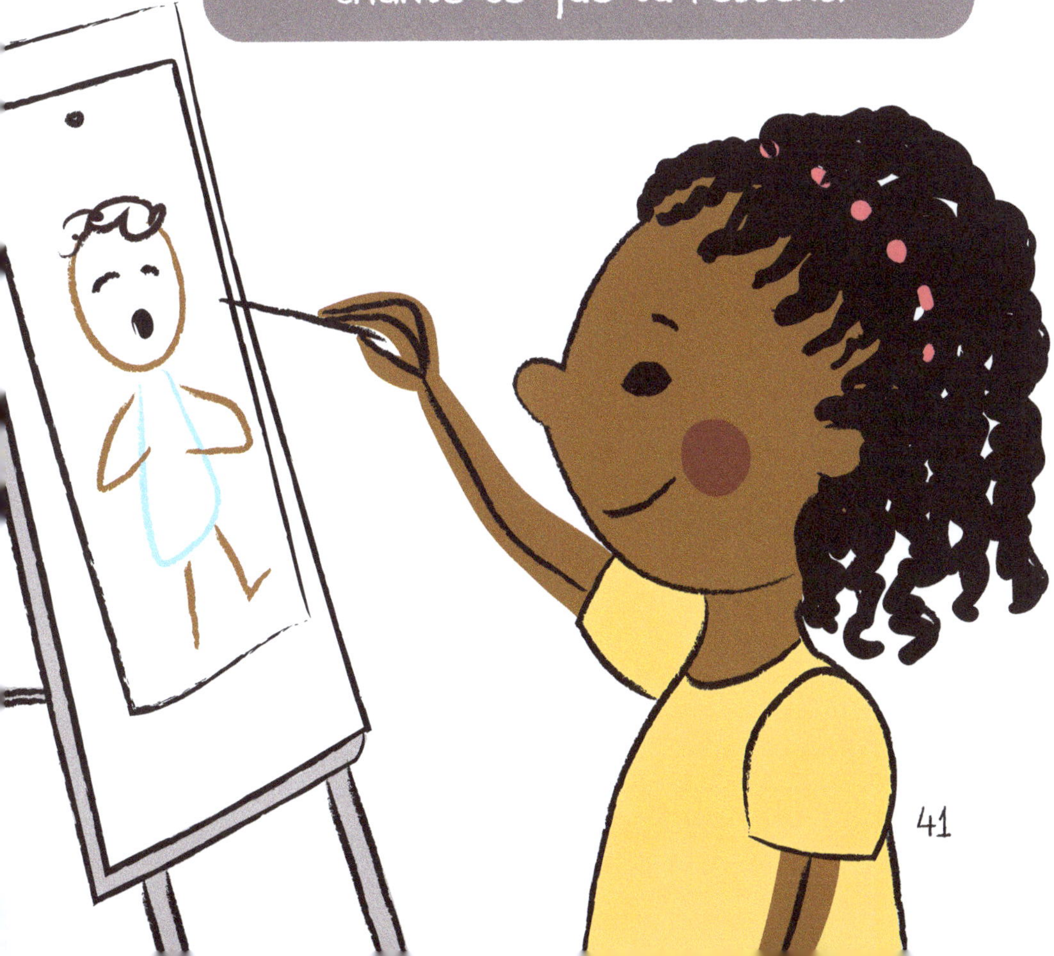

Quand on exprime nos émotions, on se sent mieux.

Kite emosyon ou yo sòti !

Exprime tes émotions !

VOKABILÈ BILENG OU
TON VOCABULAIRE BILINGUE

pè
peur

fache
en colère

enkyè
inquiet

tris
triste

zanmi
amis

lekòl
école

tele
télé

fèt
anniversaire

gato
gâteau

ekri
écrire

desinen
dessiner

chante
chanter

SERI DEKOUVÈT AYITI

Nan seri sa a, Petra ak Lili dekouvri peyi yo, Ayiti, ak kilti ayisyen ki rich anpil. W ap jwenn liv nivo 1, 2, 3 ak 4 pou adapte ak bezwen pitit ou a oswa elèv ou yo! Fè nou konnen ki lòt pati peyi d Ayiti oswa kilti ayisyen ou ta renmen Petra ak Lili eksplore!

> N ap jwenn kesyon konpreyensyon pou istwa a nan resous gratis sou sit entènèt nou!

> Vous trouverez des questions de compréhension gratuites dans la section ressources de notre site Web !

SÉRIE DÉCOUVERTE D'HAITI

Dans cette série, Pétra et Lili découvrent leur pays, Haïti, et sa riche culture. Vous trouverez des livres de niveau 1, 2, 3 et 4 adaptés aux besoins de votre ou vos élèves ! Faites-nous savoir quelles autres parties d'Haïti ou de la culture haïtienne vous aimeriez que Pétra et Lili explorent !

Koleksyon liv bileng nou enkli liv an espanyol-anglè ak liv an fransè-anglè e pliziè liv disponib an fòma audio pou akonpanye ti lektè nou yo ! Vizite sit wèb nou an www.lapetitepetra.com pou wè tout tit nan kolèksyon nou an.

Notre série de livres bilingues inclut également des livres en Creole-Anglais et Espagnol-Anglais. De plus, certains de nos livres sont disponibles en format audio pour accompagner nos jeunes lecteurs dans leur apprentissage ! Visitez notre site web www.lapetitepetra.com pour voir tous nos titres !

www.ingramcontent.com/pod-product-compliance
Lightning Source LLC
Chambersburg PA
CBHW041133110526
44592CB00020B/2787